T/1

LE
PROPHETE JONAS.

JUILLET 1793.
PAR UN ÉMIGRÉ.

Vox clamantis in deserto.

ISAÏE.

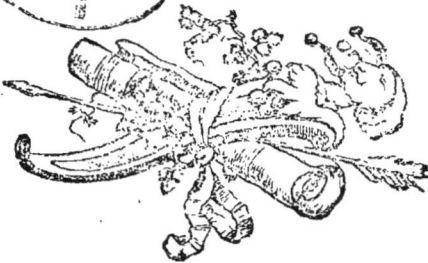

A MAESTRICHT,

Chez FRANÇOIS CAVELIER, Imprimeur-Libraire,
fur le Vrythof.

1793.

LE
PROPHETE JONAS.

JUILLET 1793.

Il y eut autrefois un faint homme nommé Jonas, lequel reçut de Dieu l'ordre exprès d'aller annoncer à la Ville de Ninive que dans quarante jours elle ferait détruite.

On fe rappelle comment il répugna à fe charger d'un tel meffage, comment il en fut puni, comment il s'en acquitta, & comment enfin Ninive fe convertit & trouva grace devant le Seigneur.

Oh! que s'il revenait encore parmi nous un prophete auffi clair-voyant & auffi courageux que Jonas, il trouverait en ce moment de quoi exercer fon miniftere!

Je ne fuis ni Saint, ni Prophete. Je n'ai reçu aucune miffion, je n'ai aucun titre pour être écouté, pour être obéi. Cependant je parlerai, & malheur à ceux qui ne me croiront pas. En-

A

core quarante jours & ils feront détruits. *Adhuc quadraginta dies & Ninive fubvertetur.*

Ecoutez donc, Rois, Miniftres & Peuples. Ecoutez fur-tout, vous, Français, qui foupirez après la fin de vos maux. Il ne fuffit pas que la contre-Révolution fe faffe, il faut qu'elle fe maintienne ; & fi vous ne vous convertiffez pas, dans quarante jours elle fera détruite.

Et quelle eft cette converfion que je vous demande ? — Ce devrait être fans doute celle qui fe fit à Ninive. Elle vous ferait la plus né-ceffaire de toutes, & elle vous difpenferait de toutes les autres.

Certes, fi la Religion reprenait fes droits fur vous, fi les mœurs reprenaient leur empire, fi vous redeveniez Chrétiens, & que vous cher-chaffiez dans l'Evangile la regle de vos opi-nions & de votre conduite, l'ouvrage de la con-tre-Révolution, une fois achevé, ferait éternel ; car la Loi Divine eft le plus fûr appui de toutes les Loix humaines.

Je ne fuis point appellé à vous prêcher une morale auffi fublime. C'eft affez pour moi de vous la préfenter, puiffe-t-elle germer dans vos cœurs ; & puiffiez-vous du moins la refpeéter, en attendant que vous fachiez la fuivre !

Mais fans recourir à des motifs divins, je trouverai dans des confidérations purement hu-maines de quoi vous prouver que vous devez

vous convertir, c'eſt-à-dire, changer de maxi‑
mes & de conduite ; & que ſans cette conver‑
ſion vous étes perdus.

C'eſt une choſe bien ancienne, mais en même
tems bien étrange, que l'inſuffiſance de l'expé‑
rience pour corriger les hommes !

La Révolution Françaiſe dure depuis quatre
ans. Depuis quatre ans elle fait ou prépare des
victimes. Tout le monde l'a vue, ſuivie, étu‑
diée, connue ; tout le monde en a gémi. Elle
a ébranlé tous les gouvernemens, renverſé le
trône des Bourbons, ſappé tous les fondemens
de la ſociété, abreuvé de ſang les villes & les
campagnes ; elle a fait l'effroi de l'Europe, le
malheur, la ruine & le deuil de cent mille famil‑
les, & elle n'a encore corrigé perſonne !

Ce n'eſt pas que ſes cauſes ayent été mécon‑
nues : elles ſont ſi évidentes, qu'elles ont frappé
les moins clairvoyans ; elles ſont ſi nombreu‑
ſes, que chacun peut indiquer celles qu'il pré‑
ſume, deviner juſte & ne ſe rencontrer avec
perſonne.

Les Rois eux-mêmes, les Rois qui ſe font le
plus groſſierement trompés ſur ſes conſéquences,
raiſonnent le mieux du monde ſur ſon origine.

C'eſt à eux que je veux d'abord m'adreſſer.

Parlez donc, Souverains de l'Europe ; & dites‑
moi quelles ſont, à votre avis, les cauſes qui
ont amené en France la Révolution.

« C'eft me répond l'un que votre Roi étoit
« né faible, & qu'il a laiffé avilir fon autorité.
« Il n'a pas fçu réprimer à tems, ni punir à pro-
» pos. Sa bonté alloit jufqu'à épargner des cri-
« minels, fa facilité jufqu'à laiffer le champ li-
« bre aux hommes dangereux. Pourquoi n'a-t-
« il pas arrêté la révolte dans fes commence-
« mens? il l'auroit étouffée. Pourquoi n'a-t il
« pas dès l'abord fait tomber quelques têtes
« coupables? peu d'hommes euffent ofé le de-
« venir. Enfin quand l'infurrection a pris plus
« de confiftance, pourquoi ne l'a-t-il pas atta-
« quée à force ouverte? Pourquoi n'a-t-il pas
« renoncé à l'efpoir chimérique de la combattre
« avec fuccès par des ménagemens? Ah! fi la
« crainte de faire couler du fang n'avoit pas
« paralifé jufqu'à l'ombre de pouvoir qu'on lui
« avait laiffé, il regnerait encore ; & les fac-
« tieux qui de crime en crime font parvenus
« à faire tomber fa tête augufte ou feraient
« dans la pouffiere ou ne feraient plus.

Sire, qui que vous foyez qui parlez ainfi,
vous avez raifon. Il n'a manqué au Roi que
nous pleurons, que d'avoir ajouté l'énergie à
toutes fes vertus, pour être encore l'objet de
notre amour comme il le fut jadis de votre envie.
Son grand tort fut de trop fe méfier de lui-
même & pas affez des autres.

Si au mois de Juin 1789, il eut fait arrêter

le Duc d'Orléans, Necker & Mirabeau, il n'y auroit jamais eu de Révolution. ---- Si au mois de Juillet, il se fut mis à la tête de son armée, il auroit prévenu la Révolution. --- Si le 5 Octobre, il se fut retiré à Metz, il eut encore étouffé la Révolution. ---- Si à Varennes en 1791, il eut ordonné à son escorte de lui faire jour à travers une populace désarmée, il eut arrêté la Révolution. ---- Enfin si le 10 Août 1792, il eut chargé lui-même à la tête de ses Suisses & du petit nombre de ses serviteurs qui lui étaient restés fideles, il eut terminé la Révolution.

Vous voyez, Sire, que je ne cherche point à dissimuler les torts ou plutôt les erreurs de mon malheureux Maître. --- Mais je releverai les vôtres avec la même franchise, & je prouverai que vous avez perdu le droit de faire à Louis XVI des reproches, que vous-même vous n'avez pas cessé de mériter.

Comme lui vous vous êtes livré à une fatale sécurité. Comme lui vous n'avez été averti de votre danger, que quand la secte impie qui l'a détrôné, a, pour ainsi dire, osé mettre la main sur votre personne, en attaquant vos possessions. Comme lui vous n'avez été reveillé que par intervalles : & en ce moment même, où le germe de Révolutions ne travaillent plus que sourdement parmi vos sujets, vous êtes tout prêt à vous rendormir.

Ainfi fon imprudence vous eft commune , &
vous n'avez pas même, comme lui, l'excufe de
l'inexpérience. (1)

Pardonnez, Sire, fi ne connoiffant pas vos
deffeins fecrets, vos arrieres penfées, je deviens,
fans le vouloir injufte envers vous. Je ne puis
vous juger que fur les apparences, & c'eft uni-
quement fur elles que portent tous les reproches
que j'ofe vous adreffer.

Que de tems il a fallu pour vous tirer de votre
affoupiffement ! vous avez vu les premiers mal-

(1) Une feule Puiffance, qui par fa pofition & fon
éloignement aurait pû refter fpectatrice tranquille &
défintéreffée de nos débats, a connu dès l'origine, toute
l'étendue du danger qui menaçait l'Europe , & cette
Puiffance eft l'immortelle Catherine. Une feule a donné
le fignal aux autres pour étouffer de bonne heure cette
pefte redoutable ; & cette Puiffance eft encore Catherine. Une feule a apperçu, a reconnu les repréfentans
de Louis XVI, captif dans fes freres libres ; une feule
a rappellé fes agens de France, du moment que le Roi
a été dépouillé de fon autorité ; une feule a repouffé
de fes états les vils miniftres d'un pouvoir ufurpé, &
bientôt après tous leurs émiffaires ; une feule a élevé
la voix pour détefter l'exécrable régicide qui a couronné
tous les crimes des factieux ; une feule s'eft montrée la
conftante protectrice, l'infatigable bienfaitrice des Princes & de la Nobleffe Françaife ; une feule n'a jamais
courbé la tête fous l'infolence des affemblées Nationa-
les de France ; une feule enfin , avertie par fa juftice
autant que par fa raifon, n'a pas héfité à reconnaître
Monfieur pour Régent de France ; & cette Puiffance
unique eft toujours Catherine. Si deux ou trois autres
feulement euffent penfé comme elle, la Révolution eut
été étouffée dans fon berceau, & que de fang, que
de tréfors l'Europe aurait épargnés !

heurs de Louis XVI, avec la jouiffance peu généreufe d'un rival. La journée du 6 Octobre n'a pu vous ouvrir les yeux fur vos propres intérêts. Pendant dix-huit mois vous avez été infenfible au fpectacle effrayant d'un Roi prifonnier dans fon propre palais avec toute fa famille. Lorfqu'au mois de Juin 1791 il tenta de brifer fes chaines, & qu'elles furent auffitôt rivées plus étroitement, au lieu de remplir les engagemens pris à Pilnitz ou de vous y affocier, vous feignîtes de regarder comme libre & valide le confentement donné par lui, ou plutôt extorqué par fes geoliers à cette abfurde confiitution, dont vous voyez aujourd'hui les fuites.

Et lorfqu'enfin menacé vous même dans vos propres Etats, vous avez crû qu'il était tems de mettre un terme aux excès ou à l'ambition de ceux, que vous avez pris un foin particulier de diftinguer de leurs collégues par le titre de *Jacobins*, quelles mefures vigoureufes avez-vous prifes?

Avez-vous dès le premier moment déployé des forces fuffifantes pour écrafer ce Pygmée, dont votre patience & vos ménagemens ont fait un Coloffe? --- Non (2).

(2) Au mois de Mai 1792, l'armée des Patriotes était raffemblée, & avait réuni tous fes moyens pour l'attaque : celle des Autrichiens était difperfée & n'était pas même préparée à la défenfe. Cependant en deux jours l'actif, l'habile, l'heureux Beaulieu a balayé les

Avez-vous pris foin de réprimer dans votre Empire les germes de révolution qui s'y gliffaient fous mille formes différentes ? -- Non.

Avez-vous empêché la circulation des hommes & des écrits dangereux ? Avez-vous par des chatimens éclatans intimidé ou puni les émiffaires qui cherchaient à corrompre vos peuples ? --- Non (3).

Avez-vous, à cette époque du moins, hautement témoigné votre intérêt, votre pitié pour

ennemis, pillé le camp de Famars, & il paraît certain que Valenciennes lui ouvrait fes portes. -- Au mois de Mai 17.3 , il a fallu trois mois de campagne, une armée de 130,000 hommes, les efforts de toute l'Europe, & une dépenfe effrayante d'hommes & d'argent pour reprendre ce camp de Famars & commencer le fiege de Valenciennes. Croit - on n'avoir rien perdu à temporifer ?

(3) Que l'on me cite en effet chez les diverfes Puiffances de l'Europe un feul agent de la Propagande traité fuivant fes mérites, depuis Mlle. Théroïgne, jufqu'à Mde. de Sillery ; depuis Mr. de Perigny détenu quelques mois en Suiffe, jufqu'à Mde. de Stael, fi longtemps accueillie en Angleterre ! Quoi ! depuis 4 ans l'Europe eft infectée des émiffaires des Jacobins ; & pas un n'a payé de fa tête l'énormité de fon crime ! pour qui referve t-on les fupplices deftinées aux empoifonneurs & aux incerdiaires ? Quoi ! dans toutes les villes, dans toutes les cours, la corruption des affignats a été tentée, & tentée avec fuccès ; & les gouvernemens n'ont point févi ! & les traîtres de toutes les nations refpirent en paix ! & ils continuent à loifir leurs trames criminelles : ah ! que l'on ne me parle point de l'indolence, de l'aveuglement de Louis XVI & de fes miniftres : je les retrouve à Vienne comme à Verfailles, à Berlin comme à Londres.

Louis XVI ? Votre haine, votre mépris, votre horreur pour ſes ennemis ? --- Non, & au contraire.

Ce n'eſt qu'avec une circonſpection extrême, ce n'eſt qu'à la faveur de mille ſubterfuges, que vous avez oſé accorder quelque appui à ſes amis, à ſes ſerviteurs les plus fideles, à ceux que le fer & la flamme avaient chaſſés de leurs foyers. Souvent vous leur avez refuſé tout azile ; toujours vous le leur avez fait acheter par des (4) humiliations ſans nombre ; tandis que ces infortunés étaient à la fois victimes de la fureur des brigands & de votre puſillanimité, ces mêmes brigands vous parlaient avec audace, ils exigeaient de vous des égards, des ſoumiſſions, les obtenaient, & redoublaient ainſi, graces à vous, de préſomption, d'inſolence & de moyens (5).

(4) La cocarde blanche eſt une bien petite circonſtance, mais on peut cependant trouver étrange que ce ſigne de fidélité au Roi, cette couleur diſtinctive de ſon armée, ait été le plus ſouvent proſcrite, & en ce moment encore ſoit à peine tolérée, même chez les nations qui ſont en guerre avec la République.

(5) Il eſt bien loin de ma penſée de vouloir méconnaître les ſecours généreux que les Princes freres du Roi ont reçus de pluſieurs Souverains, & qu'ils ont partagés avec la nobleſſe Françaiſe. J'ai déja cité l'Impératrice de Ruſſie, dont aucun Français reſté fidele à ſon Roi ne peut prononcer le nom qu'avec attendriſſement, enthouſiaſme & vénération. Je citerai encore l'Electeur de Treves, qui par ſa bonté, ſon af-

Et dans la guerre même que vous avez été forcé à la fin d'entreprendre, ou plutôt de repouffer, dans la guerre que vous faites aujourd'hui, & que depuis long-tems vous ne feriez plus fi vous aviez voulu y déployer autant d'énergie que vous y avez mis de molleffe, quel but vous propofés-vous?

Vous livrés des batailles, vous attaqués des villes, vous remportés des victoires, en un mot vous faites la guerre à la France. C'eft aux brigands qui l'habitent, c'eft aux fcélérats qui la gouvernent, c'eft au principe révolutionnaire qui l'a bouleverfée & qui vous menace que devraient s'adreffer tous vos coups. Ce ne font pas les armes d'Achille qu'il vous faut : il ne s'agit pas de renverfer des Troyens. Empruntez, empruntez la maffue d'Hercule, & comme lui purgés la terre de monftres.

Mais conduit par votre cabinet routenier,

fabilité, fa générofité, qui par une protection hafardeufe pour lui, & dans laquelle il n'avait confulté que les mouvemens d'un cœur fenfible & magnanime, a acquis à notre reconnoiffance des droits imprefcriptibles. L'Empereur auffi, les Rois de Sardaigne, de Naples, d'Efpagne, & fur-tout le Roi de Pruffe, nous ont tendu une main fecourable, nous ont fait vivre de leurs bienfaits : mais dans leurs états même, (il faut bien l'avouer) nous n'avons joui que d'une exiftence précaire, que d'un afyle incertain, & il femblait que le titre d'*Emigrés* que nous nous faifions honneur de porter fut devenu pour nous un figne de réprobation univerfelle.

dirigé par les anciens refforts d'une Politique étroite, vous n'avez devant les yeux que l'ancienne grandeur de la France. Elle fe préfente encore à votre penféc comme un Coloffe formidable; & vous n'êtes frappé que de la crainte de lui voir reprendre dans l'Europe un rang qui excitait votre jaloufie, & qui peut-être faifait votre furêté.

On dirait quelquefois que vous ménagez les Républicains, tant vous mettez de lenteur à les pourfuivre. Au lieu de répandre promptement la terreur jufqu'aux extrêmités de leur pays par la célérité de votre marche, par l'activité de vos travaux, par la hardieffe de vos entreprifes, vous héfitez, vous temporifez; une feule de vos armées agit avec vigueur: les autres femblent paralifées. Par-tout votre attitude militaire femble attendre des pour-parlers, femble demander des négociations : & fi, pendant quinze jours feulement, il s'élevait en France quelque pouvoir monftrueux, quelque autorité Fantaftique qui eut l'air de fufpendre l'Anarchie, on vous verrait courir à fa rencontre & vous prêter à tous les traités où vous croiriez appercevoir quelque avantage du moment (6).

(6) Ainfi nous avons vu en 1793, un Général d'armée fe laifler féduire par un fourbe habile, fe prêter à fes inftigations, & prendre aux yeux de l'Europe étonnée l'engagement d'aller en France rétablir (au nom de fon maître) cette même conftitution, contre

Ainsi vous auriez oublié que Louis XVI pour avoir transigé avec des scélérats fut égorgé par eux ! Vous auriez oublié qu'une Province de plus ajoutée à vos Etats n'est rien, si vos Etats ne font pas tranquilles !

Vous laisseriez subsister en France une constitution qui dépouillerait le chef & les premiers ordres du Royaume, sans vous appercevoir que cet acquiescement de votre imprévoyance serait pour vos peuples un encouragement impolitique, qu'il les enhardirait peut-être à vous dépouiller à votre tour & à se porter contre vous aux mêmes excès ; consolés de passer par les mêmes calamités, s'ils pouvaient arriver un jour au même résultat !

Vous diriez comme Louis XVI : *ils n'oseront pas aller jusques-là*. Et vous apprendriez un jour à vos dépends que le crime encouragé ou seulement impuni ose tout.

Vous diriez comme lui : *je saurai bien les réprimer quand je voudrai*. Et vous apprendriez un jour à vos dépends que l'autorité ne sommeille jamais impunément & que les factieux veillent toujours.

laquelle son maître s'était armé en 1792. -- Ainsi nous avons vu en 1792, un autre Général négocier au lieu de combattre, laisser échapper une victoire facile, & sauver ainsi les factieux qu'il pouvait écraser. Aujourd'hui ces factieux lui resistent avec avantage, mais c'est de lui qu'ils tiennent toutes leurs forces. On donne du courage au plus lâche dès qu'on a l'air de le craindre.

Dites, Sire, qui vous retient, qui retient tous les Rois de l'Europe de reconnaître l'héritier légitime du sceptre des Bourbons ?

Est-il donc d'un si petit intérêt pour vous de faire respecter chez tous les peuples le droit de succession au trône ? Et ne voyez-vous pas que suspendre un seul instant ce droit, c'est l'attaquer ?

Ne me citez pas l'incertitude des droits de la Régence. (7) Que vous importe à qui ces

(7) Combien n'a-t-on pas abusé de la rédaction, peut-être un peu précipitée, des Lettres-Patentes par lesquelles *Monsieur* a pris le titre de Régent ! quelle extention forcée n'a-t-on pas donnée à une expression qui n'est sans doute échappée que parce qu'elle était du Protocole ordinaire, *Nous sommes & ferons !* on s'est attaché à la lettre d'un acte dont il ne fallait examiner que l'esprit. --- Quel homme jouissant de sa raison a pu méconnaître le droit & la nécessité où s'est trouvé *Monsieur*, à la mort du Roi, de se déclarer Régent ? quel homme, en réfléchissant sur l'âge du jeune Roi, sur la situation de la France, sur l'état désespéré du Royaume, (même après la contre-Révolution,) peut regarder la Régence comme un poste desirable : quel homme à qui le caractere de *Monsieur*, & la pureté de ses intentions, & la tranquillité de ses goûts sont connus, peut supposer qu'il mette un grand prix à exercer pendant un bien petit nombre d'années une place, qui ne lui donnera que des fatigues & des dégouts à supporter, pour en laisser ensuite recueillir à d'autres les avantages & les dédommagemens ? Je ne connais qu'une seule personne intéressée peut-être à voir la Régence entre les mains de *Monsieur* : c'est la Reine. --- Au reste soit qu'il existe à cet égard des dispositions du Roi, soit qu'il n'en existe pas ; soit que le vœu de la Reine, soit ou ne soit pas pour reprendre la Régence en même temps que sa liberté, je suis à tel point pé-

droits appartiennent ? Ne pouvez-vous au moins
les admettre provifoirement dans celui qui feul
peut aujourd'hui les exercer ? & quand ces
droits feraient douteux ; certes , celui de la couronne ne l'eft pas. Que tardez-vous à la reconnaître fur la tête de Louis XVII ?

Vous ne penfez donc pas que chaque inftant de délai eft un danger pour lui ; & que
tous fes dangers, (car tous les Rois font freres,) que tous fes dangers font les vôtres, ou
peuvent le devenir !

Vous ne penfez donc pas qu'en différant à
reconnaître un Roi légitime , vous augmentez
l'orgueil & la force des régicides, qui, tant que
vous ne vous êtes pas prononcé , nourriffent
l'efpoir de vous amener un jour à reconnaître
leur infâme République !

Et fi jamais la République Françaife venait à
s'établir, quel ferait le garant de votre couronne ? Croyez-vous qu'elle foit mieux affer-
mie fur votre tête que ne l'était la couronne
de France fur la tête du rejetton de foixante
Rois ?

nétré de ces deux vérités, favoir : que la Régence n'eft
pas defirable & que la loyauté de *Monfieur* l'emportera
toujours fur fon ambition , qu'il m'eft entierement dé-
montré que jamais la queftion de la Régence, entre la
Reine & lui, ne prolongera d'un feul inftant en France
la durée des troubles, qu'il eft tellement de leur intérêt commun de voir finir.

Comment, Sire, toutes ces réflexions, &
mille autres dont je fais grace à Votre Majefté,
ne fe font-elles jamais préfentées à fon efprit ?
Ou fi elles s'y font préfentées, comment n'en
avez-vous pas profité ?

Mais l'exemple de Louis XVI a jufqu'ici été
entierement perdu pour vous : craignez qu'il
ne le foit toujours.

Et cependant, fi vous ceffez un moment de
penfer que vous n'êtes pas à l'abri de fes mal-
heurs, fi vous ne vous hâtez de détruire jufques dans fa racine le germe empefté de la
Révolution, fi vous laiffez fubfifter en France
le moindre veftige de la conftitution, & fi dans
vos Etats vous n'effrayez pas par des exemples
terribles ceux qui feraient tentés d'y répandre
le poifon qui a penfé infecter toute l'Europe,
je vous le prédis à regret, Sire, mais je vous
le prédis avec certitude : votre Empire touche
à fa fin, vous n'avez plus qu'un moment à
regner ; *adhuc quadraginta dies.*

,, A la bonne heure, me dira-t-on, l'aveu-
,, glement, l'endurciffement des Rois peuvent
,, fe comprendre, peuvent s'expliquer. Ils n'ont
,, encore fouffert que d'une maniere indirecte.
,, La révolution les a menacés, mais ne les
,, a pas atteints. Comment feraient-ils conver-
,, tis ! — Mais interrogez les victimes de cette
,, révolution ; adreffez - vous à vos compa-

,, gnons d'infortune ; & vous verrez combien
,, leurs opinions font changées, combien leurs
,, têtes font mûries, & combien ils ont profité
,, de leurs malheurs. "

Hélas ! je le defire , & fi je ne vivais pas au
milieu d'eux, je l'efpérerais peut être Mais fi
j'avais pu me former à cet égard la moindre
illufion, il me fuffirait de les voir ou de les
entendre pour être bientôt détrompé.

Si je leur demande en effet à quoi ils attri-
buent la révolution, il n'y aura pas une de
leurs réponfes qui ne me fournifle la matiere
d'un reproche.

,, La premiere caufe de la révolution, me
,, dira l'un , c'eft qu'il n'y avait plus en France
,, ni mœurs, ni religion. Les gens du monde
,, ont ceffé de croire en Dieu ; & quand ce
,, délire a eu gagné les dernieres claffes de
,, la fociété, la fociété s'eft diffoute.

C'eft un homme du monde qui me tient ce
langage , & affurément je penfe comme lui.
Mais lui qui a rencontré fi jufte fur une des
principales caufes de la révolution , a-t-il mis
fes réflexions à profit ? a-t-il réformé fes mœurs ?
eft-il retourné à la pratique de fa religion ? j'ai
peine à le croire.

Les gens du monde en font venus à recon-
naitre la néceffité d'une religion pour le peuple ;
mais ils ne fe doutent pas encore qu'ils en aient
befoin

befoin pour eux-mêmes. Ils croient que les loix de la morale font fuffifantes pour les ames bien nées, (c'eft-à-dire, pour les gens bien élevés) qu'un défordre caché eft comme nul ; que la religion eft le frein & l'appui des efprits faibles, & que c'eft bien affez d'en conferver les apparences & les pratiquer *pour le peuple.*

Mais moi qui fais que *le peuple* juge les grands comme ils font, & non pas comme ils fe montrent ; mais moi qui fais que l'on joue mal un fentiment feint ; mais moi qui crois que fans la religion il n'y a pas de mœurs, & que fans les mœurs l'empire des Loix eft prefque nul, je vois l'irréligion continuée, enracinée en France; je vois les mœurs du peuple dépravées comme celles des grands; & je dis en parlant d'un gouvernement fondé fur un tel ordre de cor-ruption : *adhuc quadraginta dies ;* ce gouverne-ment ne faurait durer.

J'entends d'un autre côté un courtifan fe plaindre des abus de la Cour, de fon luxe, de fes intrigues. Il fe plaint de la profufion des graces, de la déprédation des finances ; & il rejette fur ces caufes la fource de nos mal-heurs.

Ces caufes y ont fûrement beaucoup contri-bué ; mais celui qui les a fi bien apperçues, fans doute n'en a jamais été complice, ou du moins il ne le fera plus.

B

Je m'informe de lui , & j'apprends qu'il n'eſt
ſorti de France que parce qu'il a cru que les
places ſe diſtribuaient à Coblentz , & qu'il a
craint d'être prévenu par ſes rivaux. J'apprends
qu'à Coblentz il a porté des prétentions auſſi
exagérées qu'à Verſailles. On me dit qu'il y a
ſollicité , intrigué. On me dit qu'il n'a pas tenu
à lui de ſe faire donner la ſurvivance d'une
place qui n'exiſtait pas encore. Il a confié à
ſes amis qu'à ſon retour en France on ne pourrait lui refuſer un avancement de grade & une
augmentation de traitement ; & on lui ſoup-
çonne des vues ſur le gouvernement d'un
homme eſtimé juſques là , mais que ſes affaires, des raiſons ſecrettes , ou même un ordre
du Roi ont empêché d'émigrer auſſi-tôt que lui.

J'eſpere que l'on m'accordera que cet homme
& ſes pareils ne ſont pas convertis. J'eſpere que
l'on n'imagine pas qu'ils ſe convertiſſent jamais.
Cependant ſi nos Rois continuent d'être ainſi
entourés , penſe-t-on que les mêmes abus dont
on ſe plaignait ne reviendront pas ? Et ſi ces
abus ont eu des ſuites ſi funeſtes , qui me ga-
rantira qu'ils n'en auront pas encore ?

Après les gens de la cour , voulez-vous entendre les gentilshommes , qui placés peut-être
ſur la même ligne qu'eux par leur naiſſance ,
s'en trouvaient éloignés par leur fortune & par
leurs habitudes , & qui conſtituaient ce qu'on
appellait *la Nobleſſe de Province ?*

L'un d'eux prend la parole au nom de tous.
Il fe leve, & me dit :

,, Comment la Révolution ne fe ferait-elle
,, pas faite ? il n'y avait plus en France ni au-
,, torité ni difcipline. Tout le monde préten-
,, dait commander & refufait d'obéir. Perfonne
,, ne voulait reconnaître de fupérieur. Le Bour-
,, geois ou l'Annobli voulait marcher de pair
,, avec le Gentilhomme. Chacun fe croyait
,, appellé à raifonner fur le gouvernement &
,, à fronder fes opérations. La Famille Royale,
,, en fe rapprochant trop des courtifans, en
,, les admettant à fa familiarité, en fupprimant
,, toute étiquette, avait fait difparaître la dif-
,, tance qui doit regner entre le Prince & les
,, fujets. La Majefté du Trône avait difparu.
,, La Cour obéiffait à l'opinion, au lieu de lui
,, commander ; & l'opinion était gouvernée
,, par les clubs de Paris, c'eft-à-dire, par une
,, claffe d'hommes qui ont en général plus de
,, loifir que de lumieres, & plus de chaleur
,, que de raifonnement. Les Clubs faifaient &
,, défaifaient les Miniftres. Les Clubs avaient
,, mis dans leur dépendance le Gouvernement,
,, les Parlemens & même l'Armée. En un mot
,, ils regnaient en France, & il n'eft pas éton-
,, nant qu'ils y regnent encore aujourd'hui. La
,, feule différence, c'eft qu'ils font un peu plus
,, mal compofés. "

Ce tableau, Monfieur, quoique exagéré, n'eft pas dénué de vérité. Je ferais de mauvaife-foi, fi je ne convenais pas d'une partie des repro-ches que vous faites aux gens de la Cour & aux autres claffes de la fociété. Mais, tenés. Puifque vous vous êtes mis en avant, fouffrez que je vous fépare d'une grande partie de ceux au nom defquels vous avez parlé, & qui, je penfe, ne vous ont pas choifi pour leur inter-prête.

Je connais, Monfieur, une foule de gentils-hommes Français dont les principes ont toujours été purs & la conduite toujours fage; dont l'honneur eft le premier mobile, & le courage la moindre vertu; qui mettent toute leur gloire à bien fervir Dieu & le Roi; qui confultent en tout la raifon; qui exercent conftamment envers les autres une indulgence dont ils n'ont pas be-foin pour eux-mêmes; qui ne fe citent jamais pour modeles, & qui font dignes d'en fervir; qui dans tous les tems ont rempli leur devoir fans fafte & fans murmure; qui fe font montrés fupérieurs à leur bonne & à leur mauvaife for-tune; qui ont paru grands jufques dans leur mi-fere, & que le malheur n'a fait que rendre plus refpectables. Ceux-là, Monfieur, ont été & fe-ront encore la gloire & l'efpoir de leur patrie. Ce n'eft pas eux qu'il eft néceffaire de convertir; car ils ont toujours été dans la bonne voie.

Mais vous, Monfieur, qui êtes furement in-tact du côté du courage & de l'honneur, vous qui, à travers plufieurs erreurs d'efprit, confer-vez des qualités & des talens, qui, mieux di-rigés, pourraient devenir utiles, fouffrez que je vous parle avec une franchife qui fera peut-être févere, mais que j'éviterai de rendre of-fenfante.

Vous me parlez d'autorité & de difcipline ! &, je vous prie; depuis que, par honneur, par imi-tation, ou par néceffité, vous avez quitté la France, quelle autorité avez-vous reconnue ? quelle difcipline avez-vous obfervée ?

Je vous ai vu à Coblentz contefter l'autorité des chefs que l'on vous avait donnés. Je vous ai vu mettre en doute fi les Princes eux-mêmes avaient quelque pouvoir à exercer fur vous. Vous voyez en eux les repréfentants du Roi pour vous réintégrer dans vos droits, mais non pas pour vous affujettir à vos devoirs. Vous vou-liez obéir, non pas d'après leurs réglemens, mais d'après votre opinion. *Je ne fuis ici*, di-fiez-vous, *que de bonne volonté; & fi l'on m'im-pofe une loi qui me déplaife, je fuis libre de me retirer.* ---- Tels étaient vos difcours, telle était votre façon de penfer : fi elle n'eft pas changée, affurément vous n'êtes pas converti.

Je vous ai vu pendant la courte & défaftreufe campagne que j'ai faite avec vous. Il femblait

B 3

que vous eussiez oublié ou rejetté toute idée de
subordination. Vous n'aviez aucun respect pour
vos Officiers, aucune exactitude pour vos devoirs. Souvent je vous ai entendu parler de vos
généraux avec indécence, répondre à vos supé-
rieurs avec mépris. Souvent je vous ai vu quit-
ter le genre de service qui vous était commandé
pour celui qui vous convenait davantage. Je
vous ai vu, au camp de Thionville, prétendre
interdire à M. le Comte d'Artois le droit de suivre
une partie de son armée, & de donner à l'autre
une destination que vous n'approuviez pas. Enfin, je rougis de le dire; mais dans vos rapports militaires vous étiez *Démocrate* dans toute
l'acception de ce mot.

Vous l'étiez dans vos rapports civils & politiques. Vous étiez indigné qu'un bourgeois ou
un annobli s'assimilât à vous ; mais vous ne vou-
liez point reconnaître de Noblesse au-dessus de
la vôtre. La Pairie choquait vos idées. (8)
Ce n'est qu'au dessous de vous que vous vouliez
bien conserver l'inégalité des rangs. Le seul titre
d'*homme de la cour* était un gage de défaveur
auprès de vous; & si vous eussiez été consulté,
vous auriez voulu que le Roi eut une cour sans
courtisans.

(8) On peut se rappeller, & il est utile peut-être
de rappeller, que des gentilshommes Français ont con-
testé à M. le Duc D'***, Commissaire de la Noblesse
comme eux, le droit de signer comme premier Pair
de France.

Vous blâmiez avec raifon l'abolition de l'Eti-
quette, & l'efpece de familiarité que fe permet-
taient avec la Famille Royale quelques - uns de
ceux qui avaient l'honneur de l'approcher.
Mais, Monfieur, leur exemple ne vous a point
fervi de leçon. Je ne vous ai point vu vis à-
vis de nos Princes ces formes refpectueufes que
vous reprochiez aux autres d'avoir perdues. Je
ne vous les ai point vues dans les cours d'Allemagne où vous avez été admis. Vous n'y avez
pas toujours donné une idée bien favora-
ble de la politeffe & de l'éducation Françaifes.
Rappellez vous Mayence, & cette fête donnée à
l'Empereur, à l'Impératrice, au Roi de Pruffe,
cette fête à laquelle affiftaient près de trente
Souverains. Eh! bien, Monfieur, aucune con-
figne ne fut refpectée; les portes de la réfidence
furent forcées par des officiers Français; &
vous-même, Monfieur, vous vous crûtes en
droit de refter dans un lieu où l'Electeur n'avait
eu l'intention d'admettre que des officiers d'un
grade fupérieur au vôtre. (9)

(9) Dans l'armée des Princes la diftinction des grades
fembloit abolie. *Ne fommes-nous pas tous officiers?*
était la réponfe ordinaire que l'on s'attirait, quand on
voulait faire remarquer que les grades fupérieurs avaient
droit à quelque préférence. Je n'entends pas bien quelle
différence il peut y avoir entre cette phrafe & celle:
Ne fommes-nous pas tous égaux? l'une n'eft qu'une va-
riante de l'autre, & toutes deux font dictées par le
même efprit. — Mais comment les officiers de cette ar-

Vous dites, & vous dites-bien, que chacun
fe croyait appellé à raifonner fur le gouvernement & à le cenfurer. Vous dites, & vous dites bien, que l'exiftence des clubs & leur influence ont été pernicieufes & funeftes.

Mais, Monfieur, avez-vous donc oublié tant
de fcènes fcandaleufes qui fe font paffées fous vos
yeux à Coblentz & ailleurs ?

Ne vous fouvient-il plus de cette efpece de
tribunal qui s'était formé, & qui exerçait la cenfure la plus indécente fur fes égaux, fur fes
chefs, fur les confeils des Princes, & fur les
Princes eux-mêmes ?

N'eft-ce pas ce tribunal, dont vous étiez peut-
être, qui s'était fait l'arbitre des réputations?
n'avait-il pas établi une forte d'oftracisme, pour
interdire le droit de verfer fon fang pour la caufe commune à ceux qui avaient le malheur de
ne pas partager toutes fes opinions dans toute
leur exagération ? (10)

mée n'auraient-ils pas oublié toute notion de *Devoir!*
ce mot ne leur était jamais prononcé. Il femblait que
l'on cragnit de s'en fervir. On ne leur parlait jamais
que de *l'honneur Français. L'Honneur Français* femblait deftiné à commencer & à terminer toutes les pé-
riodes. C'eft à-peu-près ainfi que l'Affemblée confti-
tuante a conftamment entretenu le peuple de fes *droits*,
& jamais de fes *devoirs.*

(10) Il faut en avoir été témoin, pour fe faire une
idée de l'intolérance que l'on exerçait envers ceux que
l'on feignait de repouffer comme fufpects, & qu'au fond

Ne font-ce pas vos pareils qui diſtribuaient ;
au gré de quelques intrigans dont ils étaient
les agens ſans s'en douter, les qualifications de
Démocrate, de *Conſtitutionnel*, de *Monarchien ?*
(11) n'eſt-ce pas eux qui par de telles épithe-

du cœur on voulait écarter comme rivaux. Aucune raiſon n'était admiſe, aucun motif ne trouvait grace. ----
Je ſuis peu riche, diſait l'un. *J'ai une famille nom-
breuſe. Mieux inſtruit que vous, je ſavais que vous n'a-
giſſiez point, que vous ne pouviez point encore agir.
J'ai voulu mettre ordre à mes affaires, mettre ma famille en ſûreté. J'ai voulu continuer longtems à vivre à
mes propres dépends, afin de recourir plus tard aux ſecours accordés par les Princes. Enfin j'arrive ; je ne
demande aucun grade, & j'apporte mon épée!* --- Eh
bien! un tel homme éprouvait mille dégouts. Il était
forcé de ſubir l'épreuve humiliante du ſcrutin, & ſouvent il y ſuccombait. --- Un autre aurait pû ſe préſen-
ter, & dire : *J'ai été dupe un moment. Ma jeuneſſe,
mon inexpérience, la ſéduction d'une femme adroite, celle
d'un ami perfide m'avaient entraîné dans le piége. Mais
je me repens ; mais je déteſte les monſtres que vous allez
combattre ; mais je ne demande que le moyen de réparer
mes torts. . . . . .* Ciel! comme une telle rétractation
eut été accueillie! elle n'aurait pas même été entendue ;
& il eut été dangereux d'oſer l'apporter ſoi-même. ---
Que dis-je ? le moindre ſoupçon, un mot jetté par un
ennemi, une intention prêtée par un autre, une appa-
rence mal interprêtée, ſuffiſaient pour vous faire rejetter, ou tout au moins pour vous faire traiter avec cet
air de mépris qu'il eſt impoſſible à un homme de cœur de
ſupporter. Chacun s'en venge à ſa maniere. Celle de
M. de Gaſton n'a pas été la même que celle de M.
d'Arçon ; mais tous deux ont été pouſſés par le même
mobile.

(11) Le Journal de l'Abbé de Fontenay, auquel pré-
ſidoit l'Abbé de C. . .e & Compagnie, était l'écho le
plus habituel de cette eſpece d'Aréopage. Il échappa un

tes, répandaient de l'odieux fur les perfonnes que l'on avait intérêt ou fantaifie de perdre, & qui, en inculpant ainfi leurs penfées fecrettes, ne leur laiffaient aucun moyen d'établir ni de prouver leur juftification ?

Citez moi une feule démarche, une feule mefure des Princes qui ait échappé à votre cenfure. Eft-il un feul endroit des pays que nous avons parcourus enfemble fous leurs ordres, qui n'ait rétenti de vos farcafmes ou de vos plaintes ?

Vous n'aviez pas de clubs en titre ; il eft vrai : mais vos cafés, où l'on fe livrait au jeu le plus fcandaleux, vos promenades publiques, où l'on croyait retrouver les grouppes de Paris, mais tout vous en tenait lieu. Sur quel objet ne délibériez vous pas ? Combien de fois n'avez-vous pas pris des *arrêtés*, recueilli des *fignatures*, rédigé des *pétitions* ? il femblait ou que les Princes vous euffent demandé confeil, ou que vous vous cruffiez le droit, je dirais prefque, le devoir de leur en donner. (12)

jour à cet Abbé de Fontenay une naïveté précieufe. On lui demandait ce qui pouvait l'engager à pourfuivre un homme confidérable par des calomnies qui ne pouvaient être innocentes que par leur abfurdité. *Moi*, dit-il, *je ne veux point de mal à Mr.* *** ; *mais Mr. de* ****, *auquel j'ai des obligations, m'envoie de tems en tems fur fon compte des articles tout faits ; & je les infere comme je les reçois.*

(12) Entre plufieurs traits, dont la démence peut fervir à caractérifer l'efprit qui regnait parmi une certaine

Ce langage eſt auſtere, Monſieur; mais il eſt fondé en raiſon. Vous avez malheureuſement conſervé vos erreurs, vos préjugés, vos dé‑fauts. Vous n'êtes pas converti, & il me pa‑rait douteux que vous le ſoyez jamais. Vous n'êtes pas converti; & ſi les hommes comme vous prévalent à notre retour en France, en bien peu de tems nous ſerons détruits : *adhuc quadraginta dies.* (13)

claſſe d'hommes, il en eſt un qui mérite d'être conſer‑vé. Au moment où la nouvelle de l'exécrable attentat commis contre la perſonne du Roi arriva dans une ville d'Allemagne, qu'il eſt inutile de citer, pluſieurs Fran‑çais ſe raſſemblerent pour délibérer ſur la Régence. Quelques-uns furent d'avis de la déférer à Monſieur ; d'autres en plus grand nombre pencherent pour la Rei‑ne. Mais la Reine était priſonniere ! Pour tout conci‑lier, il fut arrêté que l'on écrirait à l'Empereur, pour le prier de s'en charger par *intérim.* — Pendant que cette queſtion s'agitait parmi les plus foux, que faiſaient ceux qui ſe croyaient les plus ſages? ils rédigeaient une péti‑tion, & recueillaient des ſignatures, pour inviter Mon‑ſieur à ſe déclarer Régent ! Ai-je tort de dire qu'ils ſe croyaient le droit & le devoir de donner des conſeils aux Princes?

(13) Si l'on me demande pourquoi je traite avec tant de ſévérité les Emigrés, ſi l'on m'objecte que ceux d'entre-eux qui ont pu mériter mes reproches en for‑ment le petit nombre, je répondrai que c'eſt ce *petit nombre* qui a fait tort aux autres; que c'eſt lui qui a trop ſouvent donné le ton; que c'eſt par lui que l'on a preſque toujours jugé du reſte; que c'eſt lui qui a eſſentiellement nui à notre cauſe & à l'intérêt que nous aurions du inſpirer. Je répondrai que c'eſt le petit nom‑bre qui, en France comme hors de France, a tout mené & tout perdu. C'eſt le *petit nombre* qui aux Etats-généraux a trahi la Nobleſſe. C'eſt le *petit nombre* qui

J'ofe croire du moins que ces reproches ne
s'adreffent pas à moi, me dit un homme, dont
le maintien eft auffi éloigné de la fuffifance que
de la fottife. Je ne me connais, grace au ciel,
aucun des torts dont vous venez de faire l'énu-
meration. Pendant la révolution, comme avant
la révolution, j'ai tâché de remplir mes devoirs.
J'ai quitté mon pays quand l'honneur me l'a commandé; j'y rentrerai quand l'honneur me le per-
mettra. J'y rentrerai fans ambition, comme
j'en fuis forti. Si malgré la foibleffe de mes talens, j'étais appellé à concourir à fa régénéra-
tion, je m'y dévouérai avec zele & fuivant ma
confcience. Si mon rôle eft celui de fimple citoyen, je donnerai à tous l'exemple de la fidélité à Dieu & au Roi. J'obferverai les loix, duf-
fent-elles répugner à ma raifon. J'obéirai à
l'autorité légitime, dût-elle excéder fes pou-
voirs. Et je me garderai d'élever une voix in-
difcrette pour traiter ou pour cenfurer des quef-
tions qui ne m'auront pas été foumifes.

L'auteur. Ce langage, Monfieur, eft celui

a fait la Révolution, la Conftitution, la République.
C'eft le *petit nombre* qui a détrôné le Roi; c'eft lui qui
l'a enfuite porté fur l'échafaud. C'eft le *petit nombre*
enfin qui a regné depuis quatre ans, & qui regne encore à Paris & dans tout le Royaume. Cette réflexion
n'eft affurément pas neuve; mais il faut la redire, il
faut la répéter fans ceffe; jufqu'à ce qu'enfin le *grand
nombre* forte de fa molleffe, de fa ftupeur, & qu'il
rougiffe d'être éternellement la dupe & le jouet du *petit.*

d'un homme fage & d'un homme de bien ; &
vous m'infpireriez prefque le defir de voir con-
fiés entre vos mains les intérêts de notre mal-
heureufe Monarchie. Mais ne puis-je aupara-
vant connaître vos principes, & favoir quelle
ferait l'efpece de gouvernement que vous lui
deftineriez ?

Le Penfeur. Ah ! Monfieur, que dites-vous ?
moi, je ferais chargé du fort de la France ! que
vous ai-je fait pour me fouhaiter tant de mal ?
---- mais fi vous ne cherchez qu'à connaître mes
principes, je n'ai aucune raifon pour vous les
cacher.

Je penfe donc, Monfieur, qu'une feule efpece
de gouvernement peut convenir à la France :
c'eft l'ancien gouvernement ; c'eft celui qui pendant quatorze fiecles a fait notre bonheur, notre
richeffe & notre gloire.

Irais-je reffufciter une conftitution ridicule,
que fes inventeurs même ont méprifée, & que
fes premiers difciples ont détruite ? (14) une

_____

(14) Dumouriez était de ceux-là. C'eft lui qui s'eft,
un des premiers, féparé des Feuillans, & leur a déclaré
la guerre. C'eft comme Jacobin, que le Roi l'a choifi
pour Miniftre, efpérant par-là acquérir de l'influence
dans l'Affemblée : c'eft comme Miniftre, qu'il a arboré
le bonnet rouge, & porté les derniers coups à l'autorité
Royale. Chaffé du Miniftere, il a chaffé La Fayette &
tous les Conftitutionnels ; (graces lui en foient à jamais
rendues !) mais n'eft-ce pas aujourd'hui le comble de
l'abfurdité, de la mauvaife foi, & de la contradiction,
de le voir s'ériger en Apôtre de la Conftitution ? Lui,

conftitution abfurde dans fes principes, imprá-
ticable dans fon exécution ? une conftitution
enfin, dont l'effet néceffaire ferait de nous ra-
mener à l'anarchie & à la diffolution, dont nous
aurons tant de peine à nous relever ? loin de moi
une penfée auffi criminelle.

Ne penfez pas que non plus je veuille établir
en France un fyftême repréfentatif plus ou moins
femblable à celui de l'Angleterre ; ni que je veuille inftituer des Etats-Généraux ; permanents ,
foit qu'on les divife en plufieurs chambres, foit
qu'on les réuniffe en une feule. Loin de moi
encore une idée auffi abfurde ! je dis *abfurde* , par-
ceque c'eft aujourd'hui la feule épithete qu'elle
me paroiffe mériter. Il faut être en effet privé de
toute lumiere & de tout jugement, pour n'avoir
pas déja reconnu combien la fituation géogra-
phique de la France, fon étendue, & le génie
de fes habitans, combien fes rapports politiques,

le plus énergumene des Jacobins ! lui, fans qui peut-
être la République eut été étouffé en naiffant ou ne
ferait pas née ! lui enfin qui l'a fi bien fervie, & qui la
fervirait encore, fi le foin de fa propre fureté ne l'eut
pas forcé à la trahir ! Mais admirez ce que c'eft que
de mentir à fa confcience ! quelle platitude de ftile &
de raifonnement, quelle jactance ridicule & niaife, que
tout ce qu'il écrit depuis qu'il s'eft fait conftitution-
nel ! quel pitoyable rôle que celui où il fe trouve ré-
duit ! Eh ! qui donc a pû faire tomber de fi haut le
grand Dumouriez ? --- Hélas ! la fortune l'a remis à fa
place. C'eft un charlatan, dont elle a renverfé les tré-
eaux.

militaires & commerciaux, combien enfin tout en elle eſt incompatible avec tout ſyſtême de repréſentation permanente. Je penſe fermement que l'autorité du Roi d'Angleterre ne peut non plus convenir à un Roi de France, que celle du Doge de Veniſe ; & je ne pardonne qu'à la ſottiſe ou à l'inexpérience d'en juger autrement.

L'auteur. Sous tous ces rapports, Monſieur, mes idées quadrent parfaitement avec les vôtres. J'ai penſé depuis long-tems qu'un *monarchien*, (pour me ſervir de l'expreſſion conſacrée par l'Abbé de Fontenay,) pouvait à tout prendre, être un fort galant homme, pouvait avoir beaucoup de probité & même d'honneur ; mais ne pouvait certainement être qu'un ſot. --- Mais continuez, je vous prie, à me développer vos principes. Vous voulez donc nous rendre notre ancien gouvernement?

Le penſeur. Aſſurément. Mais l'ancien gouvernement dépouillé de ſes abus.

L'auteur. Je penſe encore comme vous. Tous les abus qui ne tenaient qu'aux hommes & non aux inſtitutions doivent diſparaître. Ainſi la cour ne doit plus prodiguer ſes graces ſans diſcernement & ſans meſure. Les finances doivent être régies avec économie & ſévérité. Il faut que les places s'obtiennent par le mérite ou le talent, & non par le crédit ou l'intrigue. Il faut que les juges ſoient integres, les miniſtres

juftes, les Evêques fédentaires. Il faut que
dans l'Armée tout foit foumis à la difcipline,
depuis le foldat jufqu'au général. En un mot il
faut que chaque citoyen, dans quelque état
que le fort l'ait placé, connaiffe fes devoirs, les
rempliffe & s'y renferme. Ceft ainfi que j'entends & que je demande la réforme des abus.

Le Penfeur. D'accord. Mais fans doute vous
n'entendez pas non plus laiffer fubfifter ceux
qui tenaient, foit au gouvernement, foit à
l'adminiftration. Voudriez-vous, par exemple,
fubir encor le joug des parlemens. Laifferez-
vous cette entrave à l'autorité Royale, tandis
que fi celle-ci a befoin d'un contre-poids, la
conftitution ancienne lui en affure un dans les
Etats-Généraux? Or, l'obligation de conferver
les uns vous difpenfe de rétablir les autres.

Vous foumettrez-vous de nouveau au caprice
des Intendans, qui feuls auraient fuffi pour
amener la révolution, tant la France entiere les
avait pris en horreur?

Et le Clergé? lui laifferez-vous fes richeffes
fcandaleufes, fes affemblées infignifiantes?
D'ailleurs comment feriez vous pour lui rendre
fes propriétés? elles ont déja paffé par tant de
mains, que vous ne pourriez les faire reftituer,
qu'en dépouillant une foule de familles, qui les
ont acquifes de bonne-foi.

Mais fuffiez-vous maître de l'y faire rentrer,

avez-

avez - vous oublié l'ancienne dette de l'Etat ?
avec quelle reffource ferez-vous face à vos engagemens ? vous ferez trop heureux fi les débris
des biens du Clergé vous fervent à éviter la
banqueroute : car fi la banqueroute fe fait, &
qu'elle foit votre ouvrage, vous êtes perdu, &
perdu fans retour.

L'auteur. Qu'entends-je ? Quoi, Monfieur !
vous-même que je commençais à croire entiére-
ment converti, vous confervez des fyftêmes de
réforme, des projets d'innovation ! l'expérience
de ce que vous avez vu n'a pas fuffi pour
vous défabufer ! que vous m'affligez ! ah ! fi les
hommes qui penfent comme vous, fi ceux en
qui la Patrie devrait être le plus difpofée à
placer fa confiance, font encore dans l'illufion,
il n'y a plus pour nous ni efpoir, ni falut.

Mais permettez-moi de relever vos erreurs.

Il me femble, Monfieur, que vous penchez
encore pour les Etats-Généraux. Sans doute
ils font une partie intégrante de la conftitution
Françaife ; fans doute il faut les conferver :
peut-être même, (& je m'en effraye d'avance,)
vous fera-t-il difficile de ne pas les confulter
encore une fois, de ne pas leur faire légitimer
les impôts que vous voudrez rétablir. Mais,
Monfieur, c'eft un remede extrême ; & l'on
ne doit l'employer que lorfqu'on a tenté fans
fruit tous les autres. Le grand art eft de gou-

C

verner de telle maniere , que les peuples ne
foient jamais tentés de l'invoquer , ni les Rois
d'y avoir recours ?

Vous parlez de fupprimer les parlemens ! eh ,
Monfieur ! quel fera votre contre-poids dans les
intervalles des Etats-Généraux ? (car vous avez
déclaré vous-même que ceux-ci ne devaient pas
être permanens.) Quels feront les organes &
les dépofitaires des loix ? penfez-vous que des
corps de nouvelle création puiffent , fous aucun
rapport , remplacer les parlemens ? infpirent-ils
le refpeĉt & la confiance fi néceffaires dans
tous les tems , fi néceffaires aujourd'hui fur-
tout , & qui ne s'accordent qu'aux anciennes
inftitutions ? non , Monfieur ; il faut des parlemens. Il en faut , parce qu'ils valent encore
mieux que tout ce qu'on pourrait leur fubfti-
tuer. Il en faut , parce que le plus grand in-
convénient qu'on ait à leur reprocher , leur
lutte continuelle contre l'autorité Royale , ne
peut pas aujourd'hui raifonnablement fe préfu-
mer. Il en faut enfin , parce que euffent-ils
quelques abus inféparables de leur effence , des
abus que l'on connaît font de beaucoup préféra-
bles à ceux dont on n'a pas fait l'effai.

J'en dis de même à l'égard des intendans.
Faites en ce genre de meilleurs choix que par
le paffé. Surveillez leur adminiftration. Punif-
fez leurs malverfations , leurs abus d'autorité.

Faites voir par des exemples féveres & répétés
que le pouvoir que vous confiez à vos agens
n'eft pas un pouvoir arbitraire, & que ce n'eft
pas au nom d'un Tyran, mais au nom d'un pere
qu'ils gouvernent. Mais laiffez fubfifter les intendans, car ils font les commiffaires du Roi,
& le Roi ne peut fe paffer de commiffaires dans
les diverfes parties de fon Royaume. Laiffez-
les fubfifter, car ils exiftaient ; & la prudence,
la raifon, & fur-tout la terrible leçon que vous
avez reçue vous défendent de toucher à l'ordre
ancien.

Et fi vous vous permettiez une fois d'innover, quel ferait le terme où vous devriez, où
vous pourriez vous arrèter ? quelle ferait votre
bouffolle ? votre pilote ? quand on navigue fur
des mers inconnues, le hafard feul peut fau-
ver des écueils. Quoi ! dans un tems de cal-
me, de paix, d'entiere foumiffion, le moindre
changement dans un grand Empire ne doit fe
tenter qu'avec une extrême circonfpection : &
vous, Monfieur, vous choifiriez des momens
de trouble, de fermentation, d'anarchie, pour
faire des effais ! encore une réflexion. Lorfqu'on
part d'une bafe connue, d'un ordre de chofes
éprouvé, chacun au même inftant fe retrouve
à fa place, parce que chacun connaît fes devoirs & fes droits. Dans une inftitution nouvelle, perfonne ne connaît ni les uns ni les au-

tres. Or, c'eſt parce que les uns & les autres ont été méconnus, que le plus beau Royaume de l'univers a ſubi la plus affreuſe & la plus ſanglante révolution dont les annales du monde aient jamais fait mention.

Mais, je vous prie, Monſieur, que vous a fait le Clergé de France pour exciter encore en vous tant de reſſentiment? de quoi voulez-vous le punir? Eſt-ce de ce que ſes perſécutions ont précédé les vôtres & les ont ſurpaſſées? eſt-ce de ce qu'au mépris de la miſere & de la mort, il a repouſſé avec tant de conſtance des ſermens que ſa conſcience réprouvait, & pour leſquels la vôtre peut être s'eſt prêtée à des accommodemens? eſt-ce de ce que ſa piété courageuſe, ſa conduite édifiante, ſa fermeté héroïque ont obtenu dans toute l'Europe un tribut d'eſtime, de vénération & d'intérêt qui nous a ſouvent été refuſé? ah! Monſieur, le Clergé ſeul en France (15) a prouvé qu'il connoiſſait ſes devoirs : gardez-vous de le dépouiller de ſes droits.

(15) J'eſpere qu'il n'eſt aucun de mes lecteurs qui ne voie le Clergé de France où il eſt, c'eſt-à-dire hors de France. Ses ennemis eux-mêmes n'ont jamais pû ſérieuſement le placer dans ce ramas de prêtres corrompus, de curés imbécilles & de moines apoſtats, qui compoſaient le Clergé de M. Camus, & dont la conduite impie, atroce & ſacrilége n'a ſervi qu'à donner plus de luſtre à celle des vrais ſucceſſeurs des Apôtres, à celle des vrais miniſtres de Jeſus-Chriſt. L'archevêque d'Ar-

Gardez - vous auffi d'appeller infignifiantes fes affemblées., qui remontent jufqu'au berceau de la Monarchie, & qui ne font que l'exercice d'un droit que la Nobleffe partageait avec lui & qu'elle a laiffé prefcrire. Combien de fois peut-être vous-même vous en êtes vous fervi pour prouver la gratuité de l'impôt! vous ne pourriez les abolir fans ingratitude.

Ne déclamez plus contre les richeffes du Clergé, fi vous ne voulez pas être accufé d'envie : faites feulement qu'elles foient mieux diftribuées. Surveillez de plus près la difpenfation des bénéfices, & empêchez que la faveur n'y ait plus de part que le mérite ou la vertu. Et quand vous croirez utile ou néceffaire d'introduire des changemens, des réformes, des modifications dans l'adminiftration eccléfiaftique, que ce foit avec l'aveu du Clergé, de concert avec lui, & fuivant fes formes.

Gardez-vous fur-tout, Monfieur, d'attenter à fes propriétés. Vous n'avez fûrement jamais réfléchi férieufement aux principes que vous venez de profeffer, & qui ne font pas faits pour vous appartenir. — Après la vie & la liberté, la Loi, Monfieur, ne garantit rien aux

les, les Evêques de Saintes & de Beauvais, & ces 170 compagnons de leur martyre, me femblent encore rehauffés, s'il eft poffible, par les crimes d'un Capucin Chabot, d'un Cardinal de Lomefnil, d'un Curé Grégoire & de leurs femblables.

citoyens d'une maniere plus expreſſe & plus ſa-
crée que la propriété. Attenter à la propriété,
c'eſt violer un des premiers droits naturels de
l'homme ; & les Démagogues eux-mêmes n'ont
ceſſé d'avouer cette morale, dans le tems même
qu'ils l'outrageaient le plus ſcandaleuſement.

Reſpeċtez donc la propriété du Clergé. Reſ-
peċtez-la par intérêt même pour vous. C'eſt
après l'avoir violée avec une impudeur, dont
on n'a peut-être pas été aſſez généralement ré-
volté, que l'Aſſemblée conſtituante s'eſt habi-
tuée à les attaquer toutes. Voudriez-vous
adopter ſes maximes ſacrileges & ſpoliatrices.

Reſpeċtez les propriétés du Clergé ; car elles
ſont, quoiqu'on puiſſe dire, de la même na-
ture que les vôtres. Elles lui ont été tranſmiſes
de ſiecle en ſiecle comme les vôtres. Comme
les vôtres, elles ont été dans l'origine l'effet
d'un don ou d'une acquiſition. Et ne penſez
pas que votre titre de *propriétaire foncier* vous
donne ſur lui autant d'avantage que vous pourriez peut-être vous le perſuader : car il eſt
mille circonſtances où vous ne pouvez non plus
diſpoſer de vos biens, que ſi vous en étiez,
comme le Clergé, ſimple *uſufruitier.*

Laiſſez à d'autres, laiſſez aux Treillard, aux
Thouret & à leurs pareils ces ſophiſmes, ces
abus de logique, ces diſtinċtions ſubtiles, par
leſquelles ils ont eſſayé de colorer leur pillage

des biens du Clergé. Ne confultez que vous-
même ; & cette voix intérieure qui ne trompe
jamais , vous dira de lui rendre fes propriétés.

Hâtez-vous , Monfieur , hâtez-vous d'en chaf-
fer leurs ufurpateurs. Et ne placez pas là vos
fcrupules : ce font prefque tous ou des fripons
ou des imbécilles. Les uns ont efpéré que le
regne de l'injuftice durerait toujours , ou durerait affez pour rendre leur marché avantageux;
les autres ont fuivi leur exemple par ignorance,
par avidité ou par faibleffe. Ainfi ce ferait pour
récompenfer la fottife & la mauvaife foi que
vous dépouilleriez le mérite & la vertu. Confo-
lez-vous d'ailleurs fur le fort de ces acquéreurs
qui intéreffent tant votre pitié. Ils ont affez
peu payé , & ils ont joui affez de tems pour
n'être point à plaindre. Laiffez feulement commencer le regne de la Loi , & vous verrez qu'il
y aura peu de réclamations faites par eux.

Mais la banqueroute , dites-vous ! — Je fuis ,
Monfieur , très-éloigné de la fouhaiter , & encore plus de la confeiller. Je ne fais fi elle eft
poffible à éviter , ni fi elle eft indifpenfable à
faire. Ce que je fais , c'eft que fi elle arrive ,
l'homme de la plus mauvaife foi fera bien em-
barraffé à la rejetter fur vous.

Mais , Monfieur , que diriez-vous d'un Négo-
ciant , qui pour prévenir une banqueroute iné-
vitable , pour réparer une perte imprévue , irait

enlever la caiſſe de ſon voiſin, & ſe mettrait par là en état de ſatisfaire ſes créanciers ? Que penſeriez-vous de ſon honneur & de ſa probité ? — Voilà cependant ce que vous feriez, ſi pour remplir vos engagemens envers les créanciers de l'Etat, vous vous empariez d'une propriété qui ne vous appartiendrait pas. Or, oſerez-vous dire que les biens du Clergé vous appartiennent ? Vous ne le pourriez qu'en empruntant les maximes de l'aſſemblée, & en appliquant au Roi les principes par leſquels elle a prétendu établir les droits de la Nation & la ſouveraineté du peuple. Vous ne le pourriez qu'en renverſant toutes les notions de juſtice & de bonne-foi. Vous ne le pourriez qu'en vertu de la loi du plus fort ; & c'eſt en vertu de cette même loi que vous avez été dépouillé, chaſſé, mis à prix.

Sans doute vous ne vous flattez pas qu'un tel ordre de choſes pût ſubſiſter. Vous le ſavez trop bien, Monſieur ; il eſt écrit dans l'hiſtoire de toutes les Nations, & ſans doute auſſi dans les décrets éternels que *Injuſtice & Puiſſance ne ſauraient habiter longtems enſemble.* L'état actuel de la France prête une nouvelle force à cette vérité. Ne penſez pas que la République ſuccombe parce que toutes les puiſſances de l'Europe ſe ſont réunies pour l'attaquer. Non. C'eſt dans ſon propre ſein qu'elle porte le principe

cipe de fa deftruction. Elle périra parcequ'elle
eft fondée fur la rapine & la violence.

Ainfi périrait votre ouvrage, Monfieur, s'il
n'était pas appuyé fur les bafes éternelles de la
juftice & de la raifon.

Si jamais vous êtes appellé à reconftruire l'é-
difice de notre antique & fage gouvernement,
n'afpirez point, j'ofe vous le demander, n'afpirez point à faire de grandes chofes; c'eft affez
fi vous en faites de bonnes. Ne cherchez pas
encore le mieux; contentez-vous du bien, &
n'efpérez même pas toujours l'atteindre. Prenez
les hommes tels qu'ils font, car vous ne les
changerez pas, les chofes telles que vous les
trouverez, car vous ne les aurez pas faites; le
gouvernement tel qu'il était, car l'expérience a
prouvé qu'il était bon.

Ne me dites pas que ce gouvernement a été
renverfé, & que fa chûte dépofe contre lui : car
elle s'eft faite par ceux qui avaient intérêt &
pouvoir de l'empêcher. Vous êtes plus qu'un
autre digne de réparer fes ruines ; mais défiez-
vous de vos fyftêmes, défiez-vous de votre activité, défiez-vous de votre defir même de per-
fection. Songez que c'eft déja une affez grande
tâche que de tout reconftruire : que ferait-ce fi
vous vouliez créer !

Joignez donc à toutes vos lumieres, à tous
vos talens, l'efprit de fageffe qui vous défendra

D

de rien innover, & l'efprit de juſtice qui vous
défendra de rien uſurper.

Mais malheur à vous, Monſieur, malheur à
tout homme, qui, appellé à régénérer la France, s'obſtinera à bâtir ſur un nouveau plan !
Son édifice croulera avant d'être achevé, & lui
même croulera avant lui. — A peine quarante
jours, & ſa nouvelle Ninive ſera détruite ; *adhuc
quadraginta dies & Ninive ſubvertetur* (16).

(16) Je n'ai pas crû devoir mettre en ſcène le petit nombre d'inſenſés, tels que Lally & quelques-uns des
conſtitutionnels, qui par travers d'eſprit, par mauvaiſe
honte, ou par continuation de délire, ſont reſtés tels
que la révolution les a pris, & qui feroient au beſoin
prêts à la recommencer. J'ai jugé qu'il n'y avoit rien à
leur dire. Il faut les plaindres & prier pour eux. D'ailleurs l'écriture ne dit point que la miſſion de Jonas s'é
tendit juſqu'à l'hôpital des foux de Ninive.

F I N.

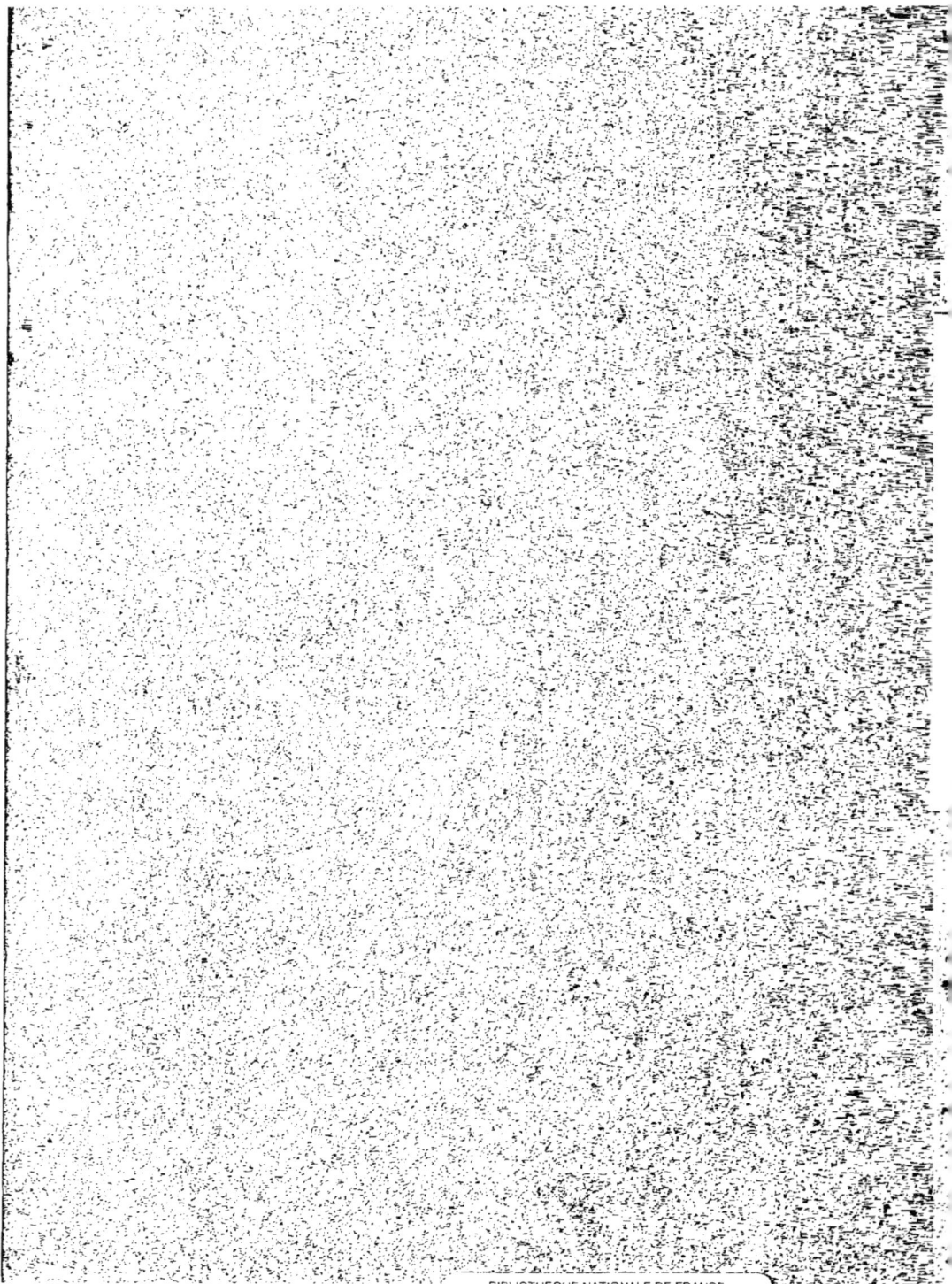

www.ingramcontent.com/pod-product-compliance
Lightning Source LLC
LaVergne TN
LVHW022038080426
835513LV00009B/1131